BEI GRIN MACHT SICH IHR WISSEN BEZAHLT

- Wir veröffentlichen Ihre Hausarbeit,
  Bachelor- und Masterarbeit

- Ihr eigenes eBook und Buch -
  weltweit in allen wichtigen Shops

- Verdienen Sie an jedem Verkauf

Jetzt bei www.GRIN.com hochladen
und kostenlos publizieren

Bibliografische Information der Deutschen Nationalbibliothek:

Die Deutsche Bibliothek verzeichnet diese Publikation in der Deutschen National-
bibliografie; detaillierte bibliografische Daten sind im Internet über http://dnb.d-
nb.de/ abrufbar.

Dieses Werk sowie alle darin enthaltenen einzelnen Beiträge und Abbildungen
sind urheberrechtlich geschützt. Jede Verwertung, die nicht ausdrücklich vom
Urheberrechtsschutz zugelassen ist, bedarf der vorherigen Zustimmung des Verla-
ges. Das gilt insbesondere für Vervielfältigungen, Bearbeitungen, Übersetzungen,
Mikroverfilmungen, Auswertungen durch Datenbanken und für die Einspeicherung
und Verarbeitung in elektronische Systeme. Alle Rechte, auch die des auszugsweisen
Nachdrucks, der fotomechanischen Wiedergabe (einschließlich Mikrokopie) sowie
der Auswertung durch Datenbanken oder ähnliche Einrichtungen, vorbehalten.

Impressum:

Copyright © 2013 GRIN Verlag, Open Publishing GmbH
Druck und Bindung: Books on Demand GmbH, Norderstedt Germany
ISBN: 9783668149489

Dieses Buch bei GRIN:

http://www.grin.com/de/e-book/315496/e-business-fuer-den-mittelstand-trends-
einflussfaktoren-und-einsatzbereiche

Christian König

E-Business für den Mittelstand. Trends, Einflussfaktoren und Einsatzbereiche

GRIN Verlag

GRIN - Your knowledge has value

Der GRIN Verlag publiziert seit 1998 wissenschaftliche Arbeiten von Studenten, Hochschullehrern und anderen Akademikern als eBook und gedrucktes Buch. Die Verlagswebsite www.grin.com ist die ideale Plattform zur Veröffentlichung von Hausarbeiten, Abschlussarbeiten, wissenschaftlichen Aufsätzen, Dissertationen und Fachbüchern.

Besuchen Sie uns im Internet:

http://www.grin.com/

http://www.facebook.com/grincom

http://www.twitter.com/grin_com

Inhaltsverzeichnis

1. Einleitung

Die zunehmende Bedeutung von E-Business für kleine- und mittelständische Unternehmen (KMU) ist ein sehr aktuelles Thema. Was versteht man unter E-Business? Wie wirkt sich der Trend zur weltweiten Digitalisierung auf die Entwicklung von E-Business aus? Was sind die Chancen und Risiken von E-Business-Lösungen für KMU, um sich im weltweit verschärfenden Wettbewerb der digitalisierten Informationsgesellschaft behaupten zu können? Welche Bedeutung hat elektronischer Handel auf europäischer Ebene? Diese Fragen sollen nachfolgend näher beleuchtet werden.

2. Definition Mittelstand

"Der Mittelstand ist sehr heterogen...Prinzipiell lassen sich quantitative und qualitative Abgrenzungskriterien unterscheiden. Als quantitatives Abgrenzungskriterium wird meistens die Messung der Betriebsgröße herangezogen."[1] In Deutschland haben „kleine Unternehmen bis zu 9 Beschäftigte und einen Jahresumsatz von unter 511.292 € und mittelständische Unternehmen 10 bis 499 Beschäftigte und einen Jahresumsatz zwischen 511.292 € und 51,13 Millionen €...In der EU wird zusätzlich das Kriterium der Unabhängigkeit herangezogen. Danach dürfen Klein-und mittelständische Unternehmen (KMU) nicht zu mehr als 25 % im Besitz von Großunternehmen sein...Die qualitative Abgrenzung erfolgt meist auf der Basis von Merkmalskatalogen, die unternehmensgrößenbedingte Unterschiede in den einzelnen unternehmerischen Wertschöpfungsbereichen aufzeigen"[2](z.B. KMU-Merkmal: Einheit von Eigentum und Geschäftsleitung).

---

[1] Neuburger, Rahild: eBusiness-Entwicklung für kleine und mittelständische Unternehmen (2003), Kapitel 1.7.1
Online: http://www.teialehrbuch.de/Kostenlose-Kurse/eBusiness,
download von 21.06.2013.

[2] Vgl. ebd.

1

3. Definition Electronic Business (E-Business)

„Electronic Business (E-Business) bezeichnet die wirtschaftlichen Möglichkeiten im Zusammenhang mit den globalen digitalen Netzen (Net Economy), womit die Nutzung von digitalen Informationstechnologien zur Unterstützung von Geschäftsprozessen in der Vorbereitungs-, Verhandlungs- und Durchführungsphase gemeint ist. Dabei werden die notwendigen Bausteine Information, Kommunikation und Transaktion zwischen den beteiligten ökonomischen Partnern über digitale Netzwerke transferiert bzw. abgewickelt."[3]

4. Auf welcher Infrastruktur basiert E-Business?

Die Abwicklung sämtlicher Geschäftsprozesse eines Unternehmens erfolgt unter Einbeziehung sämtlicher elektronischer Medien (Internet, Extranet, Intranet). Das Internet ist ein Zusammenschluss bestehender Netze, „das eine neue Infrastruktur für viele Transaktionen im privaten und beruflichen Bereich zur Verfügung stellt und gerade für das Electronic Business eine wichtige Basis darstellt."[4] Über das Internet kann sich das Unternehmen weltweit mit externen Geschäftspartnern (Endkunden) vernetzen, sowie Informationen und Services auf seiner Business-Plattform öffentlich bereitstellen. Das Extranet ermöglicht dem Unternehmen die Geschäftsbeziehung mit geschlossenen Benutzergruppen (Zulieferern, Händlern). Das Intranet basiert auf der Internettechnologie und dient dem Unternehmen zur Unterstützung seiner firmeninternen Geschäftsprozesse.[5]

---

[3] Gabler Wirtschaftslexikon, Online: http://wirtschaftslexikon.gabler.de/Definition/electronic-business.html?referenceKeywordName=E-Business, download von 21.06.2013.

[4] Neuburger, Rahild: eBusiness-Entwicklung für kleine und mittelständische Unternehmen (2003), Kapitel 1.1 Online: http://www.teialehrbuch.de/Kostenlose-Kurse/eBusiness, download von 21.06.2013.

[5] Vgl. Papakostas, Dr. Ioannis, Präsentation, HWR-BIS-E-Business-5.pdf, Folie 1.

5. Einfluss von weltweiten Trends auf E-Business

Folgende weltweite Trends haben Einfluss auf den zunehmenden Einzug von E-Business-Lösungen:

- Weltweite Vernetzung und Kommunikation mit dem Internet und digitalen Kommunikationsnetzen.[6] Das Internet ermöglicht über das dem Internet zugrundeliegende Kommunikationsprotokoll (den Standard Transmission Control Protocol/Internet Protocol, TCP/IP) einen „medienbruchfreien" Austausch, d.h. „Daten und Informationen" können ohne Wechsel des zugrundeliegenden Mediums ausgetauscht"[7] und abgerufen werden (z.B. entstehen Medienbrüche, wenn der am PC geschriebene Text ausgedruckt, per Telefax (anderes Medium) an den Empfänger geschickt wird und der Empfänger den Text wieder in den PC (anderes Medium) eingibt.[8]

- „Weltweite Beschaffung von Informationen und Ressourcen."[9]

- Weltweite Absatzmärkte.[10]

- Weltweite Standardisierung von Kommunikationstechnologien auf Basis von offenen Internet-Technologien und Standardanwendungen für den Datenaustausch.[11]

---

[6] Vgl. Papakostas, Dr. Ioannis, Präsentation, HWR-BIS-E-Business-5.pdf, Folie 3.

[7] Papakostas, Dr. Ioannis, Präsentation, HWR-BIS-E-Business-5.pdf, Folie 1.

[8] Vgl. ebd.
[9] Papakostas, Dr. Ioannis, Präsentation, HWR-BIS-E-Business-5.pdf, Folie 3.

[10] Vgl. ebd.
[11] Vgl. ebd.

6. Einflussfaktoren auf den Einzug von E-Business in die Unternehmen

Folgende Faktoren haben Einfluss auf die zunehmende Entwicklung von E-Business:

- Die zunehmende Innovationsgeschwindigkeit der digitalen Kommunikation (Mobilkommunikation, IT, Software, Online-Dienste, TV, Telefon).
- Sinkende Kosten für Telekommunikation, Hardware und Software
- Zunehmende Standardisierung von Hardware und Netzwerken, Anwendungen und Produkten.[12]
- Verbessertes Preis-Leistungsverhältnis im Bereich der Informations-und Kommunikationstechniken.[13]
- Die Digitalisierung und Dematerialisierung der Wirtschaft: Die mit der Kostenreduktion und kontinuierlichen Leistungssteigerung zusammenhängende Digitalisierung der Wirtschaft bedeutet, „dass immer mehr Prozesse…informations- und kommunikationstechnisch unterstützt und abgewickelt werden"[14]…Die zunehmende Digitalisierung führt zu einer zunehmenden Dematerialisierung: „Die Bedeutung klassisch wichtiger Faktoren wie materielles Vermögen, physischer Standort und Produktion von Sachgütern nimmt ab, die Bedeutung immaterieller Faktoren wie Kompetenz, Wissen, Serviceleistungen und Informationsprodukte nimmt zu…Klassische Produktionsverfahren und -mittel, Standorte und bisher relevante Grenzen spielen eine wesentlich geringere Rolle, ist doch die Übertragung digitaler Informationen schnell und standortunabhängig möglich."[15]

---

[12] Vgl. Papakostas, Dr. Ioannis, Präsentation, HWR-BIS-E-Business-5.pdf, Folie 5.

[13] Vgl. Neuburger, Rahild: eBusiness-Entwicklung für kleine und mittelständische Unternehmen (2003), Kapitel 1.1.
Online: http://www.teialehrbuch.de/Kostenlose-Kurse/eBusiness,
download von 21.06.2013.
[14] Vgl. ebd.

[15] Papakostas, Dr. Ioannis, Präsentation, HWR-BIS-E-Business-5.pdf, Folie 3.

Viele Unternehmen haben den weltweiten Trend zur digitalen Wirtschaft und den Wandel zur Informationsgesellschaft erkannt. Sie sehen die fortschreitende Leistungsfähigkeit von Computern (Prozessoren, Speicher) und Netzwerken, die Vorteile der Kosten- und Zeitersparnis und die damit einhergehenden Wettbewerbsvorteile durch den Einsatz von E-Business-Lösungen.[16] Sie bewerten die unterschiedlichen heute zur Verfügung stehenden E-Business-Lösungen und erweitern ihre Infrastruktur um die für ihre geschäftlichen Transaktionen passenden E-Business-Komponenten.[17] Sie nutzen somit die Vorteile der Internet-Technologie wie „geringe Kosten, gemeinsame Standards und eine vorhandene Infrastruktur breiter Basis."[18]

7. Nutzenpotentiale von E-Business für den Mittelstand

E-Business-Lösungen versprechen dem Unternehmen folgende Nutzenpotentiale:

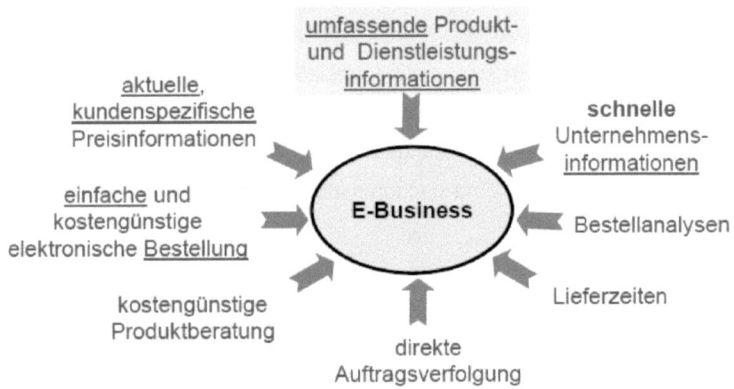

Abb. Dr. I. Papakostas, Präsentation, HWR-BIS-E-Business-5.pdf, Folie 6

[16] Vgl. Papakostas, Dr. Ioannis, Präsentation, HWR-BIS-E-Business-5.pdf, Folie 4.
[17] Vgl. Papakostas, Dr. Ioannis, Präsentation, HWR-BIS-E-Business-5.pdf, Folie 2.
[18] Vgl. ebd.

- Wettbewerbsvorteile durch „umfassende Produkt- und Dienstleistungsinformationen, aktuelle kundenspezifische Preisinformationen, einfache und kostengünstige elektronische Bestellung, kostengünstige Produktberatung, schnelle Unternehmensinformationen, leichte Bestellanalysen, kurze Lieferzeiten sowie direkte Auftragsverfolgung."[19]
- Kosten-und Zeitersparnis durch das immer schnellere, zuverlässigere und bessere Leistungsvermögen von Computern (Prozessoren, Speicher) und Netzwerken.[20]
- Erhebliches Automatisierungs-und Rationalisierungspotential.
- Gewinnung neuer Kunden und Erschließung neuer Märkte.

8. Transaktionspartner und -beziehungen im E- Business

Typische Transaktionspartner sind Endkunden, Unternehmen, Verwaltung und Mitarbeiter. Die Transaktionspartner und Beziehungen im E-Business werden nach der Rolle im Markt (Anbieter oder Nachfrager) differenziert.[21]

		Nachfrager		
		Consumer	Business	Administration
Anbieter	Consumer	C2C	C2B	C2A
	Business	B2C	B2B	B2A
	Administration	A2C	A2B	A2A

Abb. Dr. I. Papakostas, Präsentation, HWR-BIS-E-Business-5.pdf, Folie 21

---

[19] Papakostas, Dr. Ioannis, Präsentation, HWR-BIS-E-Business-5.pdf, Abbildung auf Folie 6.
[20] Vgl. Papakostas, Dr. Ioannis, Präsentation, HWR-BIS-E-Business-5.pdf, Abbildung auf Folie 4.
[21] Vgl. Neuburger, Rahild: eBusiness-Entwicklung für kleine und mittelständische Unternehmen (2003), Kapitel 1.1.
Online: http://www.teialehrbuch.de/Kostenlose-Kurse/eBusiness, download von 21.06.2013.

Es kommt zu folgenden Interaktionen:

- Aus Anbieter-Sicht der Unternehmen kommt es zu Interaktionen mit Konsumenten (Business-to-Consumer, B2C, z.B. Internetverkauf von Produkten), mit Unternehmen (Business-to-Business, B2B, z.B. Verkauf von Zwischenprodukten an Hersteller), mit der Verwaltung (Business-to-Administration, B2A, z.B. elektronische Steuererklärung) oder mit Mitarbeitern im eigenen Unternehmen (Business-to-Employment, z.B. spezielles Angebot von Produkten und Leistungen für Mitarbeiter).[22]

- Aus Anbieter-Sicht des Konsumenten kommt es zu Interaktionen mit anderen Konsumenten (Consumer-to-Consumer; C2C, z.B. Flohmärkte), mit Unternehmen (Consumer-to-Business; C2B, z.B. elektronische Bewerbung) oder mit der Verwaltung (Consumer-to-Administration; C2A, z. B. elektronische Steuererklärung).[23]

- Aus der Anbieter-Sicht der Verwaltung kommt es zu Interaktionen mit Endkonsumenten (Administration-to-Consumer, A2C, z.B. elektronische Formulare im Internet), mit Unternehmen (Administration-to-Business, A2B, z.B. leichtere Abwicklung von Formalitäten im Netz), mit anderen Verwaltungen (Administration-to-Administration, A2A, z.B. Abstimmungen zwischen Finanzämtern) oder mit Mitarbeitern innerhalb der Verwaltungen (Administration-to-Employment, z.B. Bereitstellung von Mitarbeiterinformationen über das Netz).[24]

---

[22] Vgl. Neuburger, Rahild: eBusiness-Entwicklung für kleine und mittelständische Unternehmen (2003), Kapitel 1.4.
Online: http://www.teialehrbuch.de/Kostenlose-Kurse/eBusiness, download von 21.06.2013.

[23] Vgl. ebd.
[24] Vgl. Neuburger, Rahild: eBusiness-Entwicklung für kleine und mittelständische Unternehmen (2003), Kapitel 1.4.
Online: http://www.teialehrbuch.de/Kostenlose-Kurse/eBusiness, download von 21.06.2013.

9. Fokus von E-Business

E-Business hat seinen Fokus auf folgende Punkte gerichtet:

- Neue elektronische kostengünstige Geschäftsmedien wie das Internet.[25]
- „Beziehungen…Kommunikation und Transaktion, sowie den Austausch von Geschäftsdokumenten zwischen Geschäftspartnern und Mitarbeitern."[26]
- „Integration von elektronischen Schnittstellen zwischen Altsystemen und neuen (netzbasierten) E-Business-Anwendungen."[27]
- Kooperation zwischen Geschäftspartnern.[28]

10. Einsatzbereiche des E-Business für den Mittelstand

Aus der Sicht von Unternehmen lassen sich die wichtigsten Einsatzbereiche des E-Business entlang der sogenannten E-Business Wertschöpfungskette systematisieren, die ein wichtiges Instrument für die Auseinandersetzung mit E-Business bildet. „Eine Wertkette ist ein Instrumentarium zur Differenzierung der unternehmerischen Gesamtleistung in einzelne Wertschöpfungsaktivitäten."[29]

---

[25] Vgl. Papakostas, Dr. Ioannis, Präsentation, HWR-BIS-E-Business-5.pdf, Abbildung auf Folie 9.

[26] Vgl. ebd.
[27] Vgl. ebd.
[28] Vgl. ebd.
[29] Neuburger, Rahild: eBusiness-Entwicklung für kleine und mittelständische Unternehmen (2003), Kapitel 1.5.
Online: http://www.teialehrbuch.de/Kostenlose-Kurse/eBusiness, download von 21.06.2013.

E-Business im Überblick

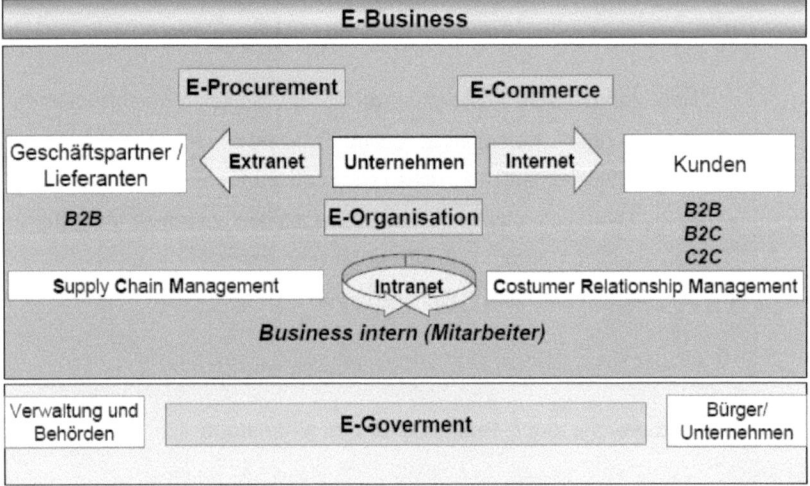

Abb. Dr. I. Papakostas, Präsentation, HWR-BIS-E-Business-5.pdf, Folie 11

Wie der vorstehenden Abbildung zu entnehmen ist, umfasst E-Business die folgenden Bereiche:

- Electronic Procurement (E-Procurement, B2B):
  Unter E-Procurement ist die Unterstützung von elektronischen Beschaffungsprozessen (Bestellwesen) zu verstehen; d.h., die „Unterstützung, Abwicklung und Automatisierung der Beschaffungsaktivitäten (Bestellung, Lieferung, Einkauf)."[30]

- Supply-Chain Management (SCM):
  Unter SCM ist das „Management der gesamten Lieferantenbeziehung inklusive der Logistik-und Transportunternehmen"[31], d.h. „die Planung, Steuerung, Integration und Kontrolle aller Waren-Informations- und

---

[30] Neuburger, Rahild: eBusiness-Entwicklung für kleine und mittelständische Unternehmen (2003), Kapitel 1.5. Online: http://www.teialehrbuch.de/Kostenlose-Kurse/eBusiness, download von 21.06.2013.

[31] Papakostas, Dr. Ioannis, Präsentation, HWR-BIS-E-Business-5.pdf, Abbildung auf Folie 10.

Finanzflüsse in der Wertschöpfungskette eines Unternehmens"[32], zu verstehen.

- Customer Relationship Management (CRM):
  CRM bedeutet, dass das Marketing eines Unternehmens durch elektronische Instrumente der Kundenansprache und Kundenbindung unterstützt wird.[33] Ziel des CRM ist die Gewinnung neuer Kunden sowie die Aufrechterhaltung einer stabilen Kundenbeziehung durch Befriedigung der Kundenbedürfnisse.[34]

- Electronic Commerce (E-Commerce):
  E-Commerce bezeichnet den elektronische Handel, also die Unterstützung, Abwicklung und Automatisierung der Vertriebsaktivitäten im Unternehmen.[35] E-Commerce umfasst die Angebotseinholung, Bestellung, Auftragsbestätigung und die Lieferkontrolle.[36]

- Electronic-Government (E-Government):
  E-Government ist die elektronische Verwaltung, also die elektronische Unterstützung staatlicher Beschaffungsaktivitäten.[37]

---

[32] Papakostas, Dr. Ioannis, Präsentation, HWR-BIS-E-Business-5.pdf, Abbildung auf Folie 8.
[33] Vgl. Neuburger, Rahild: eBusiness-Entwicklung für kleine und mittelständische Unternehmen (2003), Kapitel 1.5.
Online: http://www.teialehrbuch.de/Kostenlose-Kurse/eBusiness, download von 21.06.2013.

[34] Vgl. Papakostas, Dr. Ioannis, Präsentation, HWR-BIS-E-Business-5.pdf, Abbildung auf Folie 8
[35] Vgl. Neuburger, Rahild: eBusiness-Entwicklung für kleine und mittelständische Unternehmen (2003), Kapitel 1.5.
Online: http://www.teialehrbuch.de/Kostenlose-Kurse/eBusiness, download von 21.06.2013.

[36] Vgl. Papakostas, Dr. Ioannis, Präsentation, HWR-BIS-E-Business-5.pdf, Abbildung auf Folie 10.
[37] Vgl. Neuburger, Rahild: eBusiness-Entwicklung für kleine und mittelständische Unternehmen (2003), Kapitel 1.5.
Online: http://www.teialehrbuch.de/Kostenlose-Kurse/eBusiness, download von 21.06.2013.

Weitere typische Aktionsfelder des E-Business sind:

- Electronic Collaboration (E-Collaboration), d.h. die netzwerkbasierte, interaktive, und/oder zwischenbetriebliche Zusammenarbeit.[38] Darunter fällt die dynamische „Pflege, Sicherung und Bereitstellung der Unternehmensaktiva und Leistungen zwischen Mitarbeitern, Prozessen, Informationen und Wissen."[39] Ein Beispiel hierfür sind Formen der Zusammenarbeit verschiedener interner und externer Mitarbeiter eines Unternehmens auf der Basis des Internets."[40]

- Electronic Education (E-Education), d.h. elektronische Aus- und Weiterbildungsangebote über das Netz, auch Electronic-Learning).

- Electronic Information (E-Information) bzw. Electronic Entertainment (E-Entertainment), d.h. die elektronische Bereitstellung von Informationsinhalten (z.B. Börsenkurse) bzw. Unterhaltungsinhalten (z.B. Musikangebote) mit Hilfe des Netzwerks oder anderer Informations- und Kommunikationssysteme.[41]

---

[38] Vgl. Neuburger, Rahild: eBusiness-Entwicklung für kleine und mittelständische Unternehmen (2003), Kapitel 1.5.
Online: http://www.teialehrbuch.de/Kostenlose-Kurse/eBusiness, download von 21.06.2013.

[39] Papakostas, Dr. Ioannis, Präsentation, HWR-BIS-E-Business-5.pdf, Abbildung auf Folie 8
[40] Vgl. Neuburger, Rahild: eBusiness-Entwicklung für kleine und mittelständischeUnternehmen (2003), Kapitel 1.5.
Online: http://www.teialehrbuch.de/Kostenlose-Kurse/eBusiness, download von 21.06.2013.

[41] Vgl. Neuburger, Rahild: eBusiness-Entwicklung für kleine und mittelständische Unternehmen (2003), Kapitel 1.3.2.
Online: http://www.teialehrbuch.de/Kostenlose-Kurse/eBusiness, download von 21.06.2013.

11. Nutzungspotentiale von E-Business am Beispiel von E-Procurement

Die nachfolgende Abbildung zeigt die oben beschriebenen Einsatzmöglichkeiten von E-Business-Lösungen - vom Prozess der Beschaffung bis zum Verkauf des Produktes oder Dienstleistung.

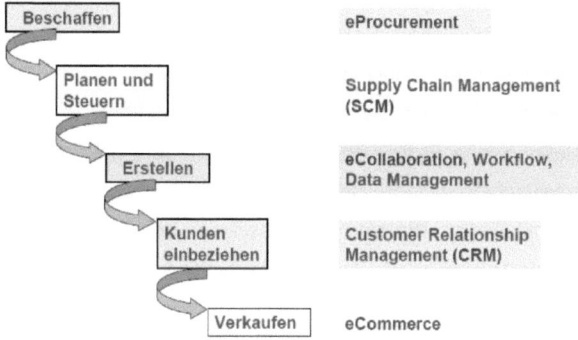

Abb. Dr. I. Papakostas, Präsentation, HWR-BIS-E-Business-5.pdf, Folie 7

Beispielhaft wird im Folgenden aufgezeigt, was der Einsatz der E-Business-Komponente „E-Procurement" dem KMU für Nutzungsmöglichkeiten bietet:

- Strategischer Nutzen, d.h. die Möglichkeit der „Auswahl passender und geeigneter Lieferanten und Produkte, die Analyse relevanter Beschaffungsmärkte sowie die Auswahl und Zusammenstellung geeigneter Lieferanten."[42] Ein Beispiel sind Produkt- und Dienstleistungskataloge von Lieferanten, die dem bestellenden Unternehmen einen guten Überblick über die in Frage kommenden Lieferanten geben.[43]

---

[42] Neuburger, Rahild: eBusiness-Entwicklung für kleine und mittelständische Unternehmen (2003), Kapitel 3.5.
Online: http://www.teialehrbuch.de/Kostenlose-Kurse/eBusiness, download von 21.06.2013.

[43] Vgl. Neuburger, Rahild: eBusiness-Entwicklung für kleine und mittelständische Unternehmen (2003), Kapitel 3.1.3.
Online: http://www.teialehrbuch.de/Kostenlose-Kurse/eBusiness, download von 21.06.2013.

- Operativer Nutzen, d.h. die effiziente Abwicklung der zugrunde liegenden Beschaffungsprozesse zwischen bestellendem Unternehmen und lieferndem Unternehmen, z.B.[44]

- Automatische Genehmigung der erforderlichen Bestellung z.b. auf der Basis eines sogenannten Workflow-Systems, „bei dem genau vorgegeben wird, bis zu welchem Bestell-Betrag die Bestellung automatisch durch das System genehmigt wird bzw. ab welchem Bestell-Betrag die Bestellung automatisch an den Einkaufsleiter zur Genehmigung weitergeleitet wird."[45]

- Automatische elektronische Bestellung an den Lieferanten, z.b. schickt das internes Warenwirtschaftssystem des bestellenden Unternehmens die elektronische Bestellung an Warenwirtschaftssystem des Lieferanten, das diese Bestellung sofort weiterverarbeiten und bearbeiten kann.

- Automatische Bestellüberwachung und Wareneingangsprüfung.

- Automatische Rechnungsprüfung und Zahlungsabwicklung.

Die wesentlichen Vorteile von E-Procurement-Lösungen sind für KMU sind:

- Realisierung von Kosteneinsparungen.
- Verbesserung organisatorischer Abläufe.
- Erhöhung der Qualität der beschaffenden Materialien und Produkte.
- Gewinnung öffentlicher Verwaltungen als Kunden.[46]

---

[44] Vgl. Neuburger, Rahild: eBusiness-Entwicklung für kleine und mittelständische Unternehmen (2003), Kapitel 3.1.3.
Online: http://www.teialehrbuch.de/Kostenlose-Kurse/eBusiness, download von 21.06.2013.

[45] Vgl. ebd.
[46]Vgl. Neuburger, Rahild: eBusiness-Entwicklung für kleine und mittelständische Unternehmen (2003), Kapitel 3.1.4.
Online: http://www.teialehrbuch.de/Kostenlose-Kurse/eBusiness, download von 21.06.2013.

12. Rolle des E-Business für KMU

KMU in Deutschland zeigen sich bei der Einführung von E-Business aus nachstehenden Gründen eher zurückhaltend:

- hohe Investitionskosten und Angst vor Fehlinvestitionen.
- Unsicherheiten über technische Standards und rechtliche Rahmenbedingungen.
- Unwissenheit über die Chancen bzw. über den Nutzen von E-Business.[47]

13. Risiko bei Nichtnutzung von E-Business für KMU

Die KMU, die keine E-Business-Komponenten für ihr Unternehmen nutzen, laufen Gefahr, von Großbetrieben oder anderen KMU, die E-Business nutzen, schneller als bisher von ihren Absatzmärkten verdrängt zu werden.[48]

Vor allem für KMU liegen den Risiken einer Nichtnutzung von E-Business, erhebliche Chancen in der Nutzung von E-Business. „Aus diesen Gründen ist es gerade für KMU unerlässlich, sich mit Fragen des Electronic Business und der Entwicklung einer Electronic Business Strategie auseinander zu setzen."[49]

14. E-Business/E-Commerce in der Europäischen Union

Die europäische Union verabschiedete einen „Aktionsplan für eine europäische Informationsgesellschaft": Internettechnologien sollen die Handlungsfähigkeit ...erweitern, grenzüberschreitende Kontakte und Austauschbeziehungen fördern...[50] Der Online-Handel auf EU-Ebene nimmt stetig zu.

---

[47] Vgl. Neuburger, Rahild: eBusiness-Entwicklung für kleine und mittelständische Unternehmen (2003), Kapitel 1.7.2.
Online: http://www.teialehrbuch.de/Kostenlose-Kurse/eBusiness, download von 21.06.2013.

[48] Vgl. ebd.
[49] Vgl. ebd.
[50] Meier, Andreas und Stormer, Henrik, eBusiness & ecommerce, Management der digitalen Wertschöpfungskette, Fribourg, 3. Auflage 2012, Seite 2 .

- Online Handel im Ländervergleich der EU:

  Nachstehende Abbildung gibt einen Überblick über die zunehmende Online-Nutzung in den Ländern der EU. Deutsche Unternehmen erzielten demnach 2011 durchschnittlich 17 Prozent ihres gesamten Umsatzes über das Internet. In Deutschland nutzt jedes fünfte Unternehmen das Internet für den Verkauf von Waren oder Dienstleistungen.[51]

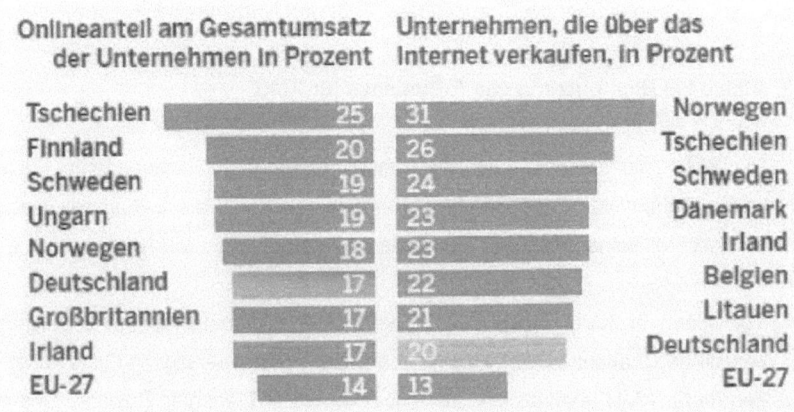

Abbildung: Der Handel Nr. 09 vom 05.09.2012 Seite 46

- Die 30 Top-Internet-Unternehmen:

  Die nachstehende Tabelle zeigt die Top-30-Internet-Unternehmen. „Google Sites lagen im März mit 330,3 Millionen Unique Visitors an der Spitze der europäischen Internet-Unternehmen und erreichten 90,8 Prozent des gesamten europäischen Internet-Publikums. Microsoft-Sites kamen mit 272,8 Millionen Besuchern auf den zweiten Platz (75,0 Prozent Reichweite), gefolgt von Facebook.com auf dem dritten Platz mit 234,6 Millionen Besuchern (64,5 Prozent Reichweite)."[52]

[51] Vgl. Der Handel Nr. 09 vom 05.09.2012 Seite 46.

[52] Comscore, Online:
http://www.comscore.com/ger/Insights/Press_Releases/2011/5/comScore_Releases_European_Engagement_and_Top_Web_Properties_Rankings_for_March_2011; download von 21.06.2013.

Top-30-Unternehmen in Europe nach Gesamtzahl Unique Visitors (000)			
März 2011			
Internet-Nutzer Europa, Age 15+, zu Hause und am Arbeitsplatz			
Quelle: comScore Media Metrix			
Unternehmen	Gesamtzahl Unique Visitors (000)	Gesamtzahl Seitenaufruf (MM)	Durchschnittliche Anzahl Minuten pro Besucher
Internet insgesamt: Gesamtpublikum	363.697	973.802	1.557,9
Google Sites	330.328	94.752	180,9
Microsoft Sites	272.840	28.394	197,7
Facebook.com	234.635	109.921	285,7
Wikimedia Foundation Sites	156.913	2.222	11,8
Yahoo! Sites	144.220	9.914	74,1
eBay	107.065	14.648	60,7
Amazon Sites	88.685	2612	16,1
Mail.ru Group	72.213	31.381	310,0
BitTorrent Network	72.191	23	0,1
The Mozilla Organization	70.906	438	5,8
VEVO	69.108	614	10,6
AOL, Inc.	67.676	1851	30,6
Apple Inc.	66.675	522	5,2
Glam Media	62.543	848	9,7
Ask Network	62.038	624	4,4
Axel Springer AG	58.750	1810	16,2
Adobe Sites	57.403	278	2,9
CBS Interactive	56.508	597	8,8
Yandex Sites	54.206	7849	69,1
Dailymotion.com	53.672	771	14,3
WordPress	50.666	501	6,2
Viacom Digital	48.655	491	11,3
VKontakte	46.059	33.123	405,1
NetShelter Technology Media	44.447	466	6,1
Orange Sites	41.903	5.361	65,2
Deutsche Telekom	39.500	2597	37,7
Skype	37.890	146	48,8
Technorati Media	37.313	202	3,5
BBC Sites	35.269	1519	37,7
Schibsted (Anuntis-Infojobs-20minutos)	34.021	5548	79,4

Abbildung: Comscore

Seit Einführung von E-Business in der EU im Jahre 2011 steigt die Anzahl der
Nutzer im Onlinehandel in Europa. „Immer mehr Menschen kaufen im Internet
ein. Dieser Trend hat dazu geführt, dass Europa 2011 zum weltweit größten
E-Commerce-Markt wurde und die USA abgelöst hat. Knapp 250 Milliarden €
wurden im Jahr 2011 umgesetzt...“[53] Die Europäische Union rechnet mit einer
Verdoppelung des Absatzes des Onlinehandels bis zum Jahr 2015.[54]

---

[53] Wirtschaftsblatt, IT-Business, 14.12.2012, Artikel Europas neue Chance im e-commerce.
[54] Vgl. Zeitung: Absatzwirtschaft 2012, E-Commerce boomt.

15. Fazit

Kleine und mittelständische Unternehmen haben den weltweiten Trend zur digitalen Wirtschaft und den Wandel zur Informations- und Kommunikationsgesellschaft erkannt. Sie bewerten die unterschiedlichen heute zur Verfügung stehenden E-Business-Komponenten und erweitern zunehmend ihre Infrastruktur um die für ihre geschäftlichen Transaktionen passenden E-Business-Komponenten. Sie nutzen somit die Vorteile der Internet-Technologie wie geringe Kosten, eine vorhandene Infrastruktur breiter Basis sowie gemeinsame Standards. Die organisatorische Neu-und Umgestaltung der Prozesse stellt kleine und mittelständische Unternehmen jedoch auch vor eine große Herausforderung, so dass einige Unternehmen eher zögerlich E-Business-Lösungen für ihr Unternehmen nutzen. Trotz einiger Risiken birgt die Internet-Ökonomie vor allem Chancen, so dass viele Unternehmen die E-Business-Lösungen für sich umsetzen werden müssen, um im Wettbewerb bestehen zu können.[55] Europaweit ist ein deutlicher Trend zum vermehrten Onlinehandel zu erkennen, so dass auch kleine-und mittlere Unternehmen diese Chance nutzen sollten, neue Absatzmärkte für sich zu erschließen.

---

[55] Vgl. Papakostas, Dr. Ioannis, Präsentation, HWR-BIS-E-Business-5.pdf, Abbildung auf Folie 36.

16. Literaturverzeichnis

Comscore, Online:
http://www.comscore.com/ger/Insights/Press_Releases/2011/5/comScore_Releases_European_Engagement_and_Top_Web_Properties_Rankings_for_March_2011; download von 21.06.2013

Gabler Wirtschaftslexikon, Online:
http://wirtschaftslexikon.gabler.de/Definition/electronic-business.html?referenceKeywordName=E-Business, download von 21.06.2013

Meier, Andreas und Stormer, Henrik: eBusiness & ecommerce, Management der digitalen Wertschöpfungskette, Fribourg, 3. Auflage 2012

Neuburger, Rahild: eBusiness-Entwicklung für kleine und mittelständische Unternehmen (2003).
Online: http://www.teialehrbuch.de/Kostenlose-Kurse/eBusiness, download von 21.06.2013

Papakostas, Dr. Ioannis: Präsentation, HWR-BIS-E-Business-5.pdf

Zeitung: Absatzwirtschaft 2012, E-Commerce boomt

Zeitung: Der Handel Nr. 09 vom 05.09.2012 Seite 46

Zeitung: Wirtschaftsblatt, IT-Business, 14.12.2012, Artikel Europas neue Chance im e-commerce

BEI GRIN MACHT SICH IHR WISSEN BEZAHLT

- Wir veröffentlichen Ihre Hausarbeit, Bachelor- und Masterarbeit

- Ihr eigenes eBook und Buch - weltweit in allen wichtigen Shops

- Verdienen Sie an jedem Verkauf

Jetzt bei www.GRIN.com hochladen und kostenlos publizieren